BEI GRIN MACHT SICH IHR WISSEN BEZAHLT

AF157263

- Wir veröffentlichen Ihre Hausarbeit,
  Bachelor- und Masterarbeit

- Ihr eigenes eBook und Buch -
  weltweit in allen wichtigen Shops

- Verdienen Sie an jedem Verkauf

Jetzt bei www.GRIN.com hochladen und kostenlos publizieren

Ricardo Schumann

Einfluss von Werbung auf die finanzielle Performance von Unternehmen

Die direkte Werbewirkung auf das Investorenverhalten und den Unternehmenswert

GRIN Verlag

Bibliografische Information der Deutschen Nationalbibliothek:

Die Deutsche Bibliothek verzeichnet diese Publikation in der Deutschen National-
bibliografie; detaillierte bibliografische Daten sind im Internet über http://dnb.d-
nb.de/ abrufbar.

Impressum:

Copyright © 2014 GRIN Verlag GmbH
Druck und Bindung: Books on Demand GmbH, Norderstedt Germany
ISBN: 978-3-656-74591-4

Dieses Buch bei GRIN:

http://www.grin.com/de/e-book/280438/einfluss-von-werbung-auf-die-finanzielle-
performance-von-unternehmen

GRIN - Your knowledge has value

Der GRIN Verlag publiziert seit 1998 wissenschaftliche Arbeiten von Studenten, Hochschullehrern und anderen Akademikern als eBook und gedrucktes Buch. Die Verlagswebsite www.grin.com ist die ideale Plattform zur Veröffentlichung von Hausarbeiten, Abschlussarbeiten, wissenschaftlichen Aufsätzen, Dissertationen und Fachbüchern.

Besuchen Sie uns im Internet:

http://www.grin.com/

http://www.facebook.com/grincom

http://www.twitter.com/grin_com

Georg-August-Universität Göttingen

Wirtschaftswissenschaftliche
Fakultät

Hausarbeit im Rahmen der Veranstaltung

„Aktuelle Herausforderungen im Innovationsmanagement"

Sommersemester 2014

Zum Thema

„Einfluss von Werbung auf die finanzielle Performance von Unternehmen"

Vorgelegt am: 24.06.2014
Verfasser: Ricardo Schumann

I

Inhaltsverzeichnis

II

Abbildungs- und Tabellenverzeichnis

1. Die vielseitige Bedeutung von Werbung

Werbung ist zum einen die am häufigsten gesehene, zum anderen die am wenigsten verstandene Marketingaufwendung einer Firma.[1] Durch Werbeausgaben versuchen sich Firmen von der Konkurrenz abzuheben und um die Aufmerksamkeit der primären Zielgruppe für sich zu gewinnen.[2] Der durch die Werbung generierte Markenwert, soll unter anderem der Kundenbindung, sowie einer geringeren Preisempfindlichkeit und höherer Akzeptanz bei neuen Produkten dienen.[3] Aufgrund der zunehmenden Bedeutung einer wertorientierten Unternehmensführung, steigt der Druck auf die Marketingabteilung die durch Werbung erzeugten Kosten zu rechtfertigen und deren Bedeutung zum Wert des Unternehmens zu belegen.[4]

Diese Arbeit analysiert den direkten Einfluss von Werbung auf das Investorenverhalten und darüber hinaus, deren Bedeutung für den Unternehmenswert. Es wird bewiesen, dass Werbung neben den steigernden Umsatz, eine zunehmende Bedeutung für Investoren und dem Unternehmen haben kann. Bevor die direkte Werbewirkung analysiert wird, soll mit Hilfe des konzeptionellen Rahmens, ein Überblick über die wertorientierte Unternehmensführung, durch den Shareholder Value Ansatz, verschafft werden. Des Weiteren werden grundlegende Einflussfaktoren auf das Investitionsverhalten dargelegt, um somit den Werbeeffekt auf diese Faktoren verständlicher zu erklären. Unter anderem wird zwischen zwei Verhaltensweisen differenziert und deren Beeinflussung näher erläutert. Weiterführend, wird gezeigt, dass durch Werbeausgaben immaterielle Werte geschaffen werden, welche durch die Beeinflussung des Shareholder Value eine Bedeutung für die gesamte Performance des Unternehmens haben. Abschließend liegt die Intention der Arbeit in einer neu gewonnen Erkenntnis für die Unternehmensführung hinsichtlich der Bedeutung von Werbung, welche über den Einfluss des Konsumentenverhaltens hinausgeht. Zusätzlich sollen die Annahmen im zukünftigen Managementkonzept implementiert werden, um somit Werbung nicht nur als kurzfristige Aufwände zu bewerten, sondern deren Unabdingbarkeit in Bezug auf den Unternehmenswert zu stützen.

---

[1] Vgl. Graham & Frankenberger, 2000, S. 149.
[2] Vgl. Aaker & Myers, 1987.
[3] Vgl. McAlister, Srinivasan, & Kim, 2007, S. 38.
[4] Vgl. Rese & Herter, 2008, S. 14.

2. Konzeptioneller Rahmen

Bevor analysiert wird, ob es eine direkte Werbewirkung auf das Investorenverhalten gibt und wie dadurch der Unternehmenswert beeinflusst werden kann, muss zunächst ein grundlegendes Verständnis zum heutigen Unternehmenszweck basierend auf dem Shareholder Value Ansatz erklärt werden. Darauffolgend, werden Faktoren, die das allgemeiner Entscheidungsverhalten der Investoren beeinflussen, näher dargelegt und differenziert.

2.1 Shareholder Value

Shareholder Value bedeutet wörtlich übersetzt, Aktionärswert und drückt sinngemäß aus, welchen Nutzen eine bestimmte Aktie für den Aktionär bzw. den Anteilseigner hat. Der Shareholder Value dient dem Unternehmen als Managementkonzept, welche primäre Aufgabe die Erhöhung des Unternehmenswertes ist.[5] Da der Unternehmenswert aus Fremdkapital, wie zum Beispiel einen Bankkredit, sowie dem Eigenkapital, welcher heutzutage als Shareholder Value bezeichnet wird, besteht, kann die Performance eines Unternehmens auch aus Sicht der Anteilseigener/Aktionäre beurteilt werden.[6] Daraus schließend, liegt der Grundgedanke im Shareholder Value Ansatz, in der Maximierung des Aktionärsvermögens.

Dieser Ansatz ist heute in nahezu allen Vorständen und Aufsichtsräten implementiert worden und dient, wie beschrieben, als Bewertung der gesamten Unternehmensperformance.[7] Beleg dafür, sind ausgegebene Unternehmensziele, wie am Beispiel von E.ON zu erkennen ist:„ Im Mittelpunkt unserer Unternehmenspolitik steht die nachhaltige Steigerung des Unternehmenswertes".[8] Die Überlegung der Wertsteigerung, durch die Shareholder Value Maximierung, dient dabei vor allem zur Verhinderung von Übernahmen und unökonomischen Investitionen. So wird Shareholder Value nur kreiert, wenn die Kapitalrendite des Unternehmens die Kapitalkosten überdeckt, welche von Risiken beeinträchtigt werden.[9] Demzufolge können Unternehmen aus Betrach-

---

[5] Vgl. Rappaport, 1999, S. XI.
[6] Vgl. ebd., S. 39.
[7] Vgl. ebd., S XI.
[8] Vgl. E.ON AG, 2007, S. 44.
[9] Vgl. Cornelius & Davies, 1997.

tungsweise der Buchhaltung profitabel wirken und dennoch an Shareholder Value verlieren, aufgrund der nicht ausreichenden Berücksichtigung des Risikos.[10]

Zusammenfassend bedeutet dies, für ein Unternehmen, im Sinne der Aktionäre zu handeln und deren Wohlstand, in Bezug auf die erhaltene Rendite, zu steigern. Dabei gilt es für das Unternehmen zu analysieren, wodurch das Investorenverhalten, sowie die Aktienpreise am Kapitalmarkt geprägt werden und wie diese spezifischen Faktoren durch Maßnahmen des Unternehmens zu ihrem Vorteil beeinflusst werden können. Darauf bezogen, untersucht diese Arbeit, wie Werbung direkt das Verhalten der Investoren beeinflusst und somit auch den Shareholder Value erhöhen kann.

2.2 Einflussfaktoren auf das Investorenverhalten

Bevor das Investorenverhalten erläutert wird, muss zwischen zwei großen Investorengruppen unterschieden werden. Zum einen gibt es die Aktionäre(equity holder; Shareholder), zum anderen die Gläubiger(debt holder), wie zum Beispiel Bankinstitute, die als Kreditgeber für Unternehmen fungieren. Dabei wird sich diese Arbeit ausschließlich auf das Verhalten der Aktionäre konzentrieren. Obwohl aus finanzieller Perspektive, Kreditgeber oft eine bedeutendere Rolle für das Unternehmen spielen, wurden Sie in Marketingstudien bisher kaum berücksichtig und bieten daher Platz für zukünftige Analysen.[11] Des Weiteren liegt der Fokus auf börsennotierten Unternehmen(Aktiengesellschaften). Zunächst werden die Entscheidungsfaktoren zweier unterschiedlichen Verhaltensweisen zugeordnet. Der erste Teil beschäftigt sich mit dem rationalen Entscheidungsverhalten von Investoren, das sich vor allem auf Grundlage der effizienten Markthypothese stützt. Insbesondere wird auf die Bewertungsgrundlage des Risikos eingegangen und erläutert, wie Risiko gemessen werden kann. Der zweite Teil geht auf die, aus Sicht der effizienten Markthypothese, irrationalen Verhaltensaspekte von Investoren ein. Schlussfolgern wird dargelegt, welches Verhalten mehr Bedeutung hat und ob es unterschiede zwischen verschieden Investoren gibt.

---

[10] Vgl. Ryals, Dias, & Berger, 2007, S. 992.
[11] Vgl. Rego, Billett, & Morgan, 2009, S. 48.

4

2.2.1 Rationales Entscheidungsverhalten

Nach der effizienten Markthypothese, Verhalten sich Investoren rational um so ihren Nutzen zu maximieren.[12] Demnach müssen alle verfügbaren Informationen bezüglich zukünftiger Gewinne eines Unternehmens für alle Investoren zugänglich sein, um somit den Marktpreis zu reflektieren.[13] In einem solchem effektiven Kapitalmarkt wird der Aktienpreis somit nur von der zukünftigen Gewinnerwartung beeinflusst. Daraus folgend, ergeben sich drei objektive Intentionen, die Investoren als Grundlage ihrer Entscheidungen berücksichtigen. Zum einen liegt der Fokus auf der Wohlstandsmaximierung, was nichts anderes bedeutet, als eine größtmögliche Rendite und ein schneller und hoher Anstieg der Aktie. Auf der anderen Seite muss auf eine konstante Erhaltung der Liquidität geachtet werden, was bedeutet, dass ein bestimmter Teil des Vermögens sofort zugänglich sein muss. Die dritte Entscheidungsgrundlage basiert auf der Risikominimierung. Das die Voraussetzung dieser Theoretischen Grundlage auf dem realen Kapitalmarkt nicht immer gegeben ist, zeigen neuste Studien auf. So wird hinterfragt, ob eine unmittelbare Verbreitung aller verfügbaren Informationen auch auf alle Investoren in gleichen Maßen zutrifft[14]. So gibt es eine steigende Anzahl an Beweisen, dass der Kapitalmarkt ineffizient bezüglich der Informationen ist.[15] Beleg dafür sind unter anderem zwei unterschiedliche Gruppen von Investoren. So gibt es die individuellen und die institutionellen Anleger. Letztere ist die bedeutungsvollere Gruppe auf dem Kapitalmarkt, da sie verglichen zu den individuellen Investoren größere Aktienanteile besitzen und somit mehr Einfluss auf den Aktienpreis ausüben können.[16] Im Durchschnitt besitzen die erworbenen Aktien der institutionellen Investoren eine bessere Rendite, was damit zu begründen ist, dass sie gut informiert sind und mehr Quellen besitzen bezüglich spezifischer Informationen eines Unternehmens und mit diesen Erkenntnissen, bessere Entscheidungen treffen.[17] Die drei bereits erläuterten Intentionen bleiben jedoch für beide Gruppen der Investoren bestehen. Ein Verfahren zur Ermittlung einer optimalen Entscheidungsfindung, bietet das Portfolio. Mit der Portfolio Theorie lässt sich auf Grundlage der drei aufgeführten Punkte eine optimale Entscheidung für den rationalen Investor erstellen. Aufgrund einer Diversifikation mit Hilfe einer breiten Streuung ver-

---

[12] Vgl. Masomi & Ghayekhloo, 2011, S. 234.
[13] Vgl. Fama, 1970, S. 384.
[14] Vgl. Fornell et al., 2006, S. 3.
[15] Vgl. Kothari, 2001 S. 209.
[16] Vgl. Bushee & Miller, 2012, S 878.
[17] Vgl. Luo et al., 2014, S. 121.

schiedener Wertpapiere, wird das Risiko minimiert, kann jedoch nicht komplett entfernt werden.[18]

Neben der Rendite, hat das Risiko eine große Bedeutung auf das Entscheidungs-verhalten der Investoren und somit unmittelbaren Einfluss auf den Unternehmenswert.[19] Das Risiko der Aktieninhaber setzt sich aus dem systematischen und dem unsystemati-schen Risiko zusammen. Das systematische Risiko reflektiert die Rendite einer einzel-nen Aktie, im Verhältnis zur durchschnittlichen Rendite auf dem gesamten Markt und ist des Weiteren nicht diversifizierbar. Das unsystematische Risiko ist hingegen Firmen-spezifisch und unabhängig vom allgemeinen Markt.[20]

Im Gegensatz zum systematischen Risiko, lässt sich das unsystematische Risiko eines Unternehmens für Investoren nur sehr schwer kalkulieren. Aufgrund fehlender Informationen zu internen Daten bezüglich nicht offenlegungspflichtiger Geschehnisse, liegt das unsystematische Risiko und dessen Bewertung in Kontroller der Manager und deren Informationen gelangen selten zu den Investoren.[21] Das systematische Risiko ei-ner Aktie, lässt sich hingegen mit dem Beta-Faktor(β) berechnen. Ausgehend von $\beta=1,0$ im Marktgleichgewicht, wird das Verhältnis der Aktienänderung in Bezug auf die durchschnittliche Marktbewegung im gleichen Zeitraum betrachtet. Fällt oder Steigt die Rendite der Aktie mehr als die durchschnittliche Rendite auf dem Markt, ist β größer als 1,0. Daraus schließend, wird β kleiner als 1,0, wenn die Rendite der Aktie weniger als die durchschnittliche Rendite auf dem Markt fällt oder steigt[22]. Der Beta-Faktor erklärt somit die Elastizität der Rendite gegenüber marktbeeinflussenden Geschehnissen[23].

.Im Vergleich zum unsystematischen Risiko, auch idiosynkratrisches Risiko ge-nannt, lässt sich also das systematische Risiko für alle Investoren messen und erfüllt somit die Bedingungen der effektiven Markthypothese. Somit stellt das idiosynkratri-sche Risiko den ungewissen schwer voraussagbaren Teil des totalen Risikos dar, der im Falle eines effektiven Kapitalmarktes in einem Portfolio jedoch, durch Diversifizierung, eliminiert werden kann.[24] Das dies nicht immer der Fall ist liegt an der, schon beschrie-

---

[18] Vgl. Lintner , 1965, S. 13f.
[19] Vgl. Rego, Billett, & Morgan, 2009, S. 47.
[20] Vgl. ebd., S. 48.
[21] Vgl. ebd., S.49.
[22] Vgl. McAlister, Srinivasan, & Kim, 2007, S. 35.
[23] Vgl. ebd., S. 35.
[24] Vgl. Brealy , Mayers, & Marcus, 2001.

benen, unvollständigen Informationsverbreitung. Investoren gelingt es resultierend daraus nicht alle Wertpapiere zu berücksichtigen und sie in ihr Portfolio einzubauen. Daraus folgend entsteht eine ungenügende nicht ausreichende Diversifizierung und somit keine Eliminierung des unsystematischen Risikos.[25] Die Bedeutung, dass idiosynkratrische Risiko so gering wie möglich zu halten, ergibt sich aus neusten Studien. So besteht das totale Risiko zu mehr als 80 % aus dem unsystematischen Risiko, was es deshalb zu einem wichtigen Entscheidungsfaktor für Investoren macht, dessen Wert allerdings, wie beschrieben, schwer zu prognostizieren ist.[26]

Schlussfolgernd lässt sich festhalten, dass neben dem offensichtlichen Einflussfaktor der maximalen Rendite, vor allem das Risiko eine tragende Rolle im Entscheidungsverhalten des rationalen Investors spielt. Das totale Risiko wiederum besteht aus einem messbaren systematischen Teil und einem schwer messbaren unsystematische Teil. Das Investoren sich nicht nur rational nach der effektiven Markthypothese verhalten, wird im nächsten Punkt dargelegt.

2.2.2 Irrationales Entscheidungsverhalten

Nachdem nachgewiesen wurde, dass die Theorie des effektiven Kapitalmarktes nur bedingt zutrifft und nicht alle Informationen für die Investoren zugänglich sind, muss überprüft werden, ob es nicht weitere Entscheidungsfaktoren gibt, die über die vermeintlich rationale Entscheidungsfindung der Portfolio Theorie hinausgeht. Dabei stützen sich vor allem neuere Studien, auf die Annahme eines ineffektiven Marktes mit limitierter Informationsbeschaffung. Schlussfolgernd aus dieser Annahme sind Investoren an äußere Zwänge gebunden und Entscheiden weniger rational, als irrational.[27] Schon frühere Studien haben herausgefunden, dass plötzliche Schwankungen der Aktienpreise, durch eine Überbewertung der finanziellen Performance der Unternehmen, auf psychologischer Basis beruhen.[28] Weiterführend beweist eine Umfrage von 201 individuellen Investoren, dass die entscheidungsrelevanten Faktoren weit über ökonomische Indikatoren hinausgehen. So wurde herausgefunden, dass vor allem psychologische und soziologische Einflüsse das Entscheidungsverhalten der Investoren mehr be-

[25] Vgl. Fehle, Tsyplakov, & Zdorovtsov, 2005, S. 629.
[26] Vgl. Goyal & Santa-Clara 2003, S. 998.
[27] Vgl. Somil, 2007, S. 14f.
[28] Vgl. De Bondt & Thaler, 1985, S.799.

7

einflussen als ökonomische Kennzahlen.[29] Ein weiterer Beweis, bietet eine Studie von *Hirshleifer und Shumway* (2003), welche darlegt, dass die wetterabhängige Stimmung und Verhaltensweise einer Person das Entscheidungsverhalten, auch eines Investoren, beeinflussen kann.[30] Da individuelle Investoren in der Regel weniger Zugang zu relevanten Informationen haben als die institutionellen Investoren, erscheint eine Entscheidungsfindung auf Basis persönlicher Empfindungen verständlich. Bei Institutionellen Investoren, wie zum Beispiel Investmentgesellschaften, scheint ein rationales Verhalten auf Grundlage eines Portfolios nahliegender. Immer mehr Studien belegen jedoch, dass institutionelle Investoren auch nicht-finanzielle Informationen berücksichtigen. So werden auch immaterielle Vermögensgegenstände, wie der Markenwert, welcher durch Werbung kreiert wird, in die Entscheidungsfindung mit aufgenommen.[31] Allgemein lässt sich feststellen, dass Investoren Aktien präferieren, die eine hohe Anerkennung in der Öffentlichkeit besitzen, sowie bessere Informationsgenauigkeit aufweisen.[32] Dabei steigt der Fokus der Investoren, auf Informationen über Forschung und Entwicklungen eines Unternehmens, sowie deren Werbeausgaben.

Zusammenfassend lässt sich feststellen, dass es neben dem theoretischen Portfolio Konzept, auch psychologische sowie nicht finanzielle Faktoren gibt, die das Entscheidungsverhalten nicht nur individueller sondern auch institutioneller Investoren beeinflussen kann. Die Intention der Gewinnmaximierung mit Hilfe einer hohen Rendite, bleibt allerdings bei rationalen sowie irrationalen Verhalten bestehen. Die Indikatoren, die die optimale Entscheidung beider Verhalten bestimmen sollen differenzieren sich allerdings. So liegt der Fokus des rationalen Verhaltens auf einer Risikominimierung, während das irrationale Verhalten auch immaterielle Vermögensgegenstände in die Entscheidungsfindung mit einbindet. So lässt sich festhalten, dass es neben den ökonomischen, auch psychologische Effekte gibt, die auf Investoren einwirken. Zu prüfen ist, welche dieser Effekte durch Werbung beeinflusst werden kann, und welche Ursache hinter dieser Beeinflussung steht.

---

[29] Vgl. Praba, 2011, S. 5.
[30] Vgl. Hirshleifer & Shumway, 2003, S. 1028.
[31] Vgl. Daniel und Titman, 2006, S. 1638f.
[32] Vgl. Frieder & Subrahmanyam, 2005, S. 57.

3. Direkte Wirkung von Werbung auf das Investorenverhalten und den Unternehmenswert

Punkt 3 befasst sich mit dem Zusammenhang zwischen Werbung und dessen direkte Wirkung auf das Investorenverhalten, sowie den dadurch beeinflussbaren Unternehmenswert. Dabei wird die direkte Werbewirkung auf das rationale und irrationale Entscheidungsverhalten analysiert. Abschließend wird dargestellt, inwiefern Werbung über die Beeinflussung der Investoren hinaus, an Bedeutung für den Unternehmenswert gewinnen kann.

3.1 Werbeeinfluss auf das Investorenverhalten.

Bevor die bereits genannten Einflussfaktoren auf eine direkte Werbewirkung untersucht werden, muss zwischen direktem und indirektem Werbeeinfluss auf das Investorenverhalten differenziert werden. Der indirekte Effekt der Werbung erfolgt über einen steigenden Absatz. Unzähligen Studien belegen, dass Werbung den Absatz sowie den damit verbundenen Umsatz und Gewinn beeinflussen können.[33] Bei steigendem Umsatz und vor allem bei steigendem Gewinn, erhöht sich im allgemeinen die Rendite und somit auch das Interesse der Investoren. Zusätzlich zum kurzfristigen Einfluss auf den Absatz, wird bewiesen, dass Werbung periodenübergreifend den Absatz beeinflussen kann und somit auch ein langfristigen Einfluss besitzt.[34] Sowohl in der Theorie als auch in der Praxis ist der indirekte Effekt vertraut und somit lässt sich vermuten, dass auch der Kapitalmarkt sich dessen bewusst ist und sich demzufolge anpasst.[35] Neben dem offensichtlichen Einfluss auf den Absatz, wurden in den letzten Jahren auch Werbeeffekte die direkt den Kapitalmarkt beeinflussen untersucht. So wurde bewiesen, dass Werbung nicht nur das Konsumentenverhalten beeinflussen kann, sondern auch die Entscheidungsfindung der Investoren.[36] Schlussfolgernd daraus, wird die Werbung von Unternehmen nicht mehr ausschließlich auf die Konsumenten adressiert, sondern auch auf aktuelle und zukünftige Investoren.[37] Zu prüfen ist, wie Werbung finanzielle und nichtfinanzielle Einflussfaktoren direkt beeinflussen kann und was deren Ursachen sind. Dabei werden zuerst die psychologischen Effekte erläutert und darauffolgend die ökono-

---

[33] Vgl. Hanssens, Parsons, & Schultz, 2001, S. 453f.
[34] Vgl. Kim & McAlister, 2011, S. 70.
[35] Vgl. ebd., S. 70
[36] Vgl. McAlister, Srinivasan, & Kim, 2007, S. 37ff.
[37] Vgl. Fehle, Tsyplakov, & Zdorovtsov, 2005, S. 626

mischen Effekte näher dargelegt. Des Weiteren wird analysiert, ob es branchenübergreifende Unterschiede bezüglich der Werbeeffekte gibt.

3.1.1 Psychologische Effekte

Wie bereits festgestellt wurde, gibt es neben den finanziellen Indikatoren auch nicht ökonomische Faktoren, die das Entscheidungsverhalten der Investoren beeinflussen kann. Oft basiert die Entscheidungsfindung auf Grundlage psychologischer Effekte. So wählen Investoren Aktien, aufgrund einer gewissen Vertrautheit gegenüber der Firma und deren Markenpräsenz.[38]

Ungeachtet risikominimierender Portfolios werden Aktien präferiert, die eine größere mediale Präsenz besitzen.[39] Ein Grund, der aus Sicht der effektiven Markthypothese irrationalen Entscheidung, sind die sinkenden Recherchekosten, die vor allem für individuelle Investoren ausschlaggeben sind. Diese Annahme wird unterstützt von *Barber und Odean* (2008), deren Studie zeigt, dass individuelle Investoren „anfälliger" für Aktien mit großer öffentlicher Aufmerksamkeit sind.[40] Des Weiteren gibt es beweise, dass individuelle Investoren vor allem auf Unternehmen mit großen Markennamen achten, selbst wenn diese eine geringere Rendite aufweisen als andere Aktiengesellschaften.[41] Ursache und Begründung dieses Verhaltens, könnte der Spillover-Effekt erklären. So bevorzugen Menschen Investitionen in Bereiche in denen sie ein Gefühl der Zuversicht besitzen. Da Unternehmen versuchen sich von ihren Konkurrenten mit Hilfe von Werbung zu differenzieren und sich somit auf dem Markt zu behaupten, könnten Investoren in den glauben kommen, dass bekanntere Firmen ein größeres Wertsteigerungspotenzial besitzen. Somit kann die Annahme entstehen, dass die wahrgenommene Markenqualität und das Markenbewusstsein, welche durch Werbung generiert wird, „überschwappt (spillover)" auf die Entscheidungsfindung der Aktienwahl.[42] Das der Spillover-Effekt vor allem für individuelle Investoren gilt, zeigt die Studie von *Krasinikov, Mishra und Orozco* (2009). So wird dargelegt, dass individuelle Investoren,

---

[38] Vgl. Grullon, Kanatas, & Weston, 2004, S. 441.
[39] Vgl. Huberman, 2001, S. 661.
[40] Vgl. Barber & Odean, 2008, S. 813.
[41] Vgl. Frieder & Subrahmanyam, 2005, S. 57f.
[42] Vgl. Joshi & Hanssens, 2010, S. 22.

gegenüber institutionellen Investoren, sich wesentlich häufiger für Aktien von Unternehmen mit großer Markenpräsenz entschieden.[43]

Zusammenfassend lässt sich festhalten, dass Werbung Einfluss auf das irrationale Entscheidungsverhalten, hauptsächlich individueller Investoren, haben kann. So besitzen Unternehmen mit hoher Markenpräsenz eine größere Attraktivität für diese Investoren, aufgrund deren kognitiven Einschränkungen (Spillover-Effekt), sowie deren geringe finanzielle Mittel für relevante Informationsbeschaffung. Da jedoch der größere Teil der Anteilseigner aus institutionellen Investoren besteht, welche ihre Entscheidungen vorrangig auf ökonomische Kennzahlen ziehen, muss geprüft werden, ob Werbeausgaben auch auf finanzielle Indikatoren Einfluss nehmen kann.

3.1.2 Ökonomische Effekte

Im Gegensatz zu den individuellen Investoren, basiert die Entscheidungsfindung der institutionellen Investoren nicht auf psychologischen Effekten. Dennoch liegt der Fokus bei der Entscheidungswahl auch zunehmend auf den Werbeausgaben und den damit entstehenden immateriellen Vermögensgegenständen. Zu analysieren ist, welche direkte Wirkung, Werbung auf ökonomische Faktoren hat. Die beschriebenen Einflussfaktoren eines rational entscheidenden Investors, unter der effektiven Markthypothese, beruhen auf Gewinnmaximierung und Risikominimierung. Der Werbeeffekt einer Gewinnmaximierung des Unternehmens, mithilfe der Absatzsteigerung und somit einer eventuellen Erhöhung der Rendite für den Investor, ist jedoch nur ein indirekter Einfluss. Zwischen der Ursache (Werbeausgaben) und der Wirkung (Investorenentscheidung), liegt als Mediator der Konsument, welcher durch einen erhöhten Kauf die Umsatzsteigerung erst bewirkt. Ein direkter Einfluss zwischen Werbung und einem ökonomischen Indikator, der das Entscheidungsverhalten eines rationalen Investoren beeinflussen kann, ist der „Signalisierungs-Effekt" (Signaling). So kann Werbung als Signal für Wettbewerbsfähigkeit dienen, sowohl als auch ein Indikator für die finanzielle Lage des Unternehmens sein.[44] Dieser Signalisierungsmechanismus, lässt sich zum Beispiel in der Filmindustrie beobachten. So wird durch Werbung für bevorstehende Filme eine oft unrealistische Erwartungshaltung kreiert, die sich in eine Erhöhung des Aktienpreises auswirkt

---

[43] Vgl. Krasnikov, Mishra, & Orozco, 2009, S. 163.
[44] Vgl. Joshi & Hanssens, 2010, S. 22.

und erst nach der Einführung anpasst.[45] Werbeausgaben können so als Signal, für zu-
künftiges Etragspotential, den Investoren dienen. Des Weiteren können Daten der Werbeausgaben von Unternehmen, zur Bestimmung von Umfang und Schwankungen des
zukünftigen Cashflow behilflich sein.[46] Somit kann das als direkter Effekt bewertet
werden, da Investoren vor der möglicher Umsatzsteigerung durch erhöhte Werbeausgaben ihre Entscheidungen treffen und somit nicht auf das Konsumentenverhalten reagie-
ren. Des Weiteren gibt es Studien die darlegen, dass Investoren selbst bei negativer oder
ausbleibender Reaktion der Konsumenten, bei gleichzeitiger Erhöhung der Werbeausgaben, auf die Aktie des Unternehmens aufmerksam werden.[47]

Konsumenten- reaktion	*Signifikant*	IBM, K-Swiss	Apple , Compaq, Skechers
	Nicht signifikant	-	Dell, HP, Nike, Reebok
		Nicht signifikant	*Signifikant*
		Investorenreaktion	

Abbildung 1: Konsumenten- und Investorenreaktion auf Werbung

In Anlehnung an: Joshi & Hanssens, 2010, S. 25.

Abbildung 1 zeigt die Konsumenten- und Investorenreaktion auf Unternehmen der
Sport-und Computerbranche. Es wird deutlich, dass die Reaktionen beider Akteure (Investoren und Konsumenten), nicht zwangsläufig in Verbindung stehen. So haben in
dieser Paneluntersuchung die Unternehmen IBM und K-Swiss eine signifikante Kon-
sumentenreaktion, während ein nicht signifikanter Wert für die Investoren gefunden
wurde. Im Gegensatz dazu gibt es bei Dell, HP, Nike und Reebok eine signifikante Investorenreaktion, obwohl kein merklicher Unterschied beim Konsumentenverhalten
gefunden wurde. Das beweist, dass Investoren über den indirekten Effekt der Werbewirkung hinaus, Werbeausgaben als Entscheidungsfaktor benutzen. Neben dem beschriebenen Signaling-Effekt, gibt es noch eine weitere Ursache, weshalb das rationale
Investorenverhalten direkt von der Werbung beeinflusst werden kann.

---

[45] Vgl. Joshi & Hanssens, 2010, S. 22.
[46] Vgl. Chauvin & Hirschey, 1993, S. 128.
[47] Vgl. Joshi & Hanssens, 2010, S. 27.

Ein wichtiger Einflussfaktor der effektiven Markthypothese ist die Risikom-inimierung. Marketing Theoretiker fanden heraus, dass der durch Werbung generierte Markenwert, nicht nur die Rendite erhöhen kann, sondern auch das Risiko senken kann.[48] Dementsprechend haben Aktienportfolios von Unternehmen mit großer Markenpräsens ein geringeres systematisches Risiko.[49] Im Gegensatz zum unsystematischen Risiko, welches wie beschrieben, interne Unternehmenswagnisse wie Managementfehler beschreibt, kann das systematische Risiko durch den Markenwert gesenkt werden. Ein größeres systematisches Risiko entsteht unter anderem im Zusammenhang mit Marktwachstum, geringer Liquidität und wenigen Vermögensgegenstände, sowie Ertragsschwankungen.[50] Werbung wiederum, verbessert für ein Unternehmen die Marktdurchdringung und steigert die Kundenbindung, was im Falle eines Marktwachstum bedeutende Faktoren gegenüber Konkurrenten sind und somit eine Steigung des systematischen Risikos verhindern. Des Weiteren können die beschrieben Faktoren, Ertragsschwankungen reduzieren.[51] Neben der Studie von *Madden, Fehle und Fourniers* (2006), die mit Hilfe von 3 Portfolios (1. Unternehmen mit hohem Markenwert; 2. Unternehmen mit geringem Markenwert; 3. Alle Unternehmen) herausgefunden haben, dass es signifikante Unterschiede zum systematischen Risiko in allen drei Portfolios gibt, bestätigt vor allem die Studie von *McAlister, Srinivasen und Kim* (2007) die beschriebenen Annahmen.[52] Mittels einer Panelanalyse von 1979 bis 2001, wurden 644 börsennotierte Unternehmen beobachtet, hinsichtlich der Relation zwischen eigener Rendite und der durchschnittlichen Rendite des gesamten Marktes, sowie unter der Berücksichtigung der Unternehmensgröße, Vermögensgegenstände, Ertragsschwankungen und Liquidität. Bewiesen wurde, dass durch Werbeausgaben immaterielle Vermögensgegenstände kreiert werden, und diese das Unternehmen von allgemeinen Marktschwankungen isolieren und somit das systematische Risiko ($\beta\downarrow$) senken.[53]

Abschließend lässt sich festhalten, dass neben den psychologischen Effekten auch ökonomische Faktoren durch Werbung beeinflusst werden können. Somit wir die Annahme bestätigt, dass neben den individuellen Investoren, auch institutionelle Investoren durch Werbung in ihrer Entscheidungsfindung beeinträchtig werden. Der Unter-

---

[48] Vgl. Fornell et al., 2006, S. 11.
[49] Vgl. Madden, Fehle, & Fourniers, 2006, S. 231.
[50] Vgl. Beaver, Kettler, & Scholes, 1979.
[51] Vgl. Fischer, Shin, & Hanssens, 2009, S.1.
[52] Vgl. Madden, Fehle, & Fourniers, 2006, S. 227ff.
[53] Vgl. McAlister, Srinivasan, & Kim, 2007, S. 36.

schied liegt jedoch in dem Bewusstsein. So entscheiden sich individuelle Investoren für bekanntere Unternehmen, aufgrund eines psychologisch bedingten Wohlbefindens aufgrund stärkerer Markenpräsenz. Institutionelle Investoren hingegen, achten auf Werbeausgaben, aufgrund der dadurch beeinflussbaren ökonomischen Indikatoren, wie der systematischen Risikominimierung. Obwohl das Motiv unterschiedlicher nicht sein könnte, so ist doch das Entscheidungsverhalten beider Investorengruppen identisch. Für Unternehmen steigt aus dieser direkten Wirkung die Bedeutung von Werbung, sowie dem Marketing im Allgemeinen.

Im nachfolgenden Punkt wird geprüft, ob es branchenübergreifen Unterschiede der direkten Werbewirkung gibt und in welchen spezifischen Situationen eine Erhöhung oder Verringerung der Werbeausgaben negativ Einfluss auf das Unternehmen ausübt.

3.1.3 Optimales Ausmaß der Werbeausgaben

Nachdem bewiesen wurde, dass Werbung einen signifikanten Einfluss auf das Investorenverhalten haben kann, muss geprüft werden, in welchem Ausmaß Werbeausgaben einen positiven, als auch negativen Effekt auf den Unternehmenswert und somit auch auf die Rendite ausübt.

Nach der effektiven Markthypothese, wird der Aktienkurs durch unerwartete Geschehnisse beeinflusst, welche die Erwartungen der Investoren hinsichtlich des zukünftigen Cashflows des Unternehmens ändern kann. Folglich ergibt sich aus erwarteten Werbeausgaben kein direkter Effekt, durch das das Investorenverhalten beeinträchtigt werden kann.[54] Diese Annahme wird gestützt von *Kim und McAlister*, deren Studie bewiesen hat, dass der Signalisierungs-Effekt nur bei Unternehmen auftritt, deren Werbeausgaben über einem bestimmten Schwellenwert (Threshold) liegt.[55] Der Schwellenwert ist definiert, für die Höhe der Werbeausgaben die benötigt werden, um eine signifikante Erhöhung der Verkaufsresonanz zu erzielen. Liegen Werbeausgaben unter diesem Wert, haben sie dementsprechend keinen Einfluss auf den Absatz. Daraus schließend bedeutet das, dass eine Erhöhung der Werbemaßnahmen nur einen direkten Effekt bewirkt, wenn die allgemeinen Werbeausgaben bereits über dem Schwellenwert

---

[54] Vgl. Mizik & Jacobson, 2009, S.151.
[55] Vgl. Kim & McAlister, 2011, S.69.

liegen. Eine Anhebung der Werbeausgaben hat somit keine oder sogar negative Auswirkung für Unternehmen, deren Werbemaßnahmen unter dieser Schwelle liegen.[56]

Ein weiterer Punkt, der von Unternehmen berücksichtig werden muss, ist
die gesamtwirtschaftliche Situation. So bewirkt eine Erhöhung der Werbeausgaben in
einer Rezession bei Unternehmen unterschiedliche Ergebnisse, hinsichtlich ihrer finanziellen Performance.[57] So wurde bewiesen, dass Unternehmen der Dienstleistungsbran-
che deren Abnehmer Konsumenten sind (business-to-customer), positive direkte Werbewirkung auf Investoren in der Rezession erzielen. Unternehmen deren primäres Ziel
die Güterherstellung für andere Unternehmen ist (business-to-business), bewirkt eine
Erhöhung der Werbeausgaben wiederum rückläufige Renditen und somit eine negative
Auswirkung auf das Entscheidungsverhalten der Investoren. Unternehmen die Dienst-
leistungen für andere Unternehmen bereitstellen sowie Firmen die Güter für Konsumenten erstellen, hat eine Erhöhung der Werbemittel, weder negative noch positive Auswirkung bezüglich der direkten Werbewirkung.[58]

Schlussfolgernd lässt sich festhalten, dass ein direkter Werbeeffekt auf das
Unternehmen nur unter bestimmten Umständen gegeben ist. So müssen Unternehmen
eine bestimmte Schwelle der Werbefinanzierung überschritten haben um durch eine
Erhöhung dieser, einen positiven Einfluss auf die Entscheidungsfindung der Investoren
haben zu können. Diese Annahme gilt jedoch nur für den beschriebenen ökonomischen
Effekt. So bleibt der durch Werbung generierte Markenwert, als immaterieller Vermö-
gensgegenstand erhalten und kann vor allem individuelle Investoren psychologisch beeinflussen, unabhängig von einer signifikanten Erhöhung der Werbeausgaben. Des Weiteren lässt sich festhalten, dass Unternehmen auch die gesamtwirtschaftliche Situation
beachten müssen, um so spezifische Schlussfolgerungen in Abhängigkeit ihres Unter-
nehmenszweckes zu tätigen.

Im nachfolgenden Punkt soll dargelegt werden, inwieweit Werbung durch
den analysierten direkten Effekt auf Investoren, Einfluss auf den Unternehmenswert hat.

---

[56] Vgl. Kim & McAlister, 2011, S.80.
[57] Vgl. Srinivasan, Lilien, & Sridhar, 2011, S. 50ff.
[58] Vgl. ebd., S. 52f.

15

3.2 Auswirkung auf den Unternehmenswert

Nachdem analysiert wurde, welche Bedeutung Werbeausgaben für die Entscheidungs-findung der Investoren haben kann, wird dargelegt inwieweit dadurch der Unterneh-menswert beeinflusst wird. Studien im Finanz- und Marketingbereich belegen, dass Werbeausgaben indirekt sowie direkt den Unternehmenswert beeinflussen können.[59] Obwohl Kritiker behauptet hatten, dass der Zusammenhang zwischen Werbung und den Aktienpreis zu weit entfernt liegt und daher eine direkte Verbindung fehlt, wird die Be-hauptung unter anderem durch den Beweis des direkten Einflusses auf das systemati-sche Risiko wiederlegt.

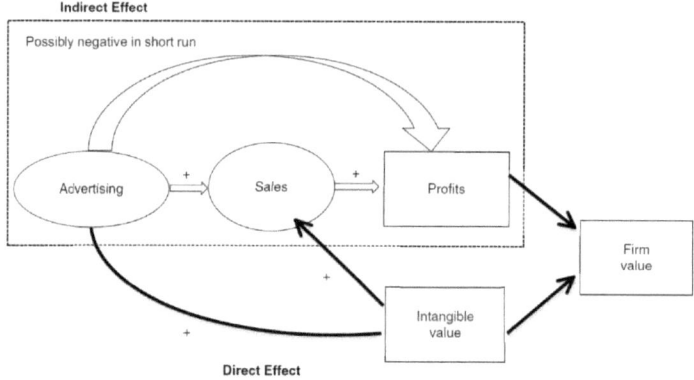

Abbildung 2 indirekter-und direkter Effekt der Werbung auf den Unternehmenswert

Quelle: Joshi & Hanssens, 2010, S. 21.

Abbildung 2 verdeutlicht, dass der Unternehmenswert (firm value) durch direkte-und indirekte Effekte der Werbung beeinflusst wird. Der indirekte Effekt erfolgt durch eine werbebedingte Erhöhung des Absatzes, welcher sich zwar kurzfristig (short term) auf-grund der Werbefinanzierung, negativ auf den Gewinn (Profits) auswirken kann, lang-fristig den Profit jedoch allgemein steigert und somit auch den Unternehmenswert. Der direkte Effekt erfolgt durch einen kreierten immateriellen Wert (Intangible value), der jedoch nur entsteht, wenn ihm ein zukünftiger wirtschaftlicher Nutzen nachgewiesen werden kann.[60] Dieser Nutzen wird Werbung, durch den Beweis der direkten Beeinflus-

---

[59] Vgl. Koslow, Sasser, & Riordan, 2006.
[60] Vgl. El-Tawy & Tollington, 2008, S. 712.

16

sung auf das Investorenverhalten erwiesen. In Verbindung mit dem Managementkonzept des Shareholder Value Ansatzes, kreieren Werbeausgaben somit immaterielle Werte, die Einfluss auf den Unternehmenswert haben.[61]

Für den Marketingbereich eines Unternehmens ist diese Erkenntnis von großer Bedeutung, da Werbeausgaben in der Buchhaltung oft nur als Aufwendungen betrachtet, sowie kurzfristig bewertet werden.[62] Mit Hilfe des Shareholder Value Ansatzes müssen Werbeausgaben nicht mehr allein über den Einfluss auf den Absatz gerechtfertigt werden, sondern auch über den langfristigen Einfluss auf den Shareholder Value.[63] Allerdings bleibt die Problematik der unzureichenden Bewertung auf den Unternehmenswert bestehen.[64] Der reine Zuwachs zum Wert eines Unternehmens lässt sich in Bezug auf Werbeausgaben weder durch den indirekten Effekt des erhöhten Absatzes, noch durch den direkten Effekt des immateriellen Wertes, exakt mit Zahlen belegen. Einen ersten Ansatz bietet das Konzept des „Return on Marketing Investment", welches bei der Bewertung von Werbung unter anderem Ausgaben, Renditen und das Risiko berücksichtigt, jedoch nicht Teil dieser Arbeit sein soll.[65]

Abschließend lässt sich dennoch feststellen, dass durch die Erkenntnis des Werbeeffekts auf den Shareholder Value, durch die Beeinflussung des Investorenverhaltens, Werbeausgaben besser zu rechtfertigen sind und somit auch deren Bedeutung für den Wert des Unternehmens steigt.

---

[61] Vgl. Osinga et al., 2011, S. 111.
[62] Vgl. Rust et al., 2004, 76f.
[63] Vgl. Joshi & Hanssens, 2010, S. 20.
[64] Vgl. Rust, Lemon, & Zeithaml, 2001, S. 26.
[65] Vgl. Cook & Talluri, 2004, S. 244ff.

4. Managementimplementierung und zukünftige Forschung

Zusammenfassend kann festgehalten werden, dass Werbung über den Einfluss auf das Konsumentenverhalten hinaus, zusätzlich einen Effekt auf das Investorenverhalten hat und somit über den Shareholder Value Ansatz, den Unternehmenswert steigern kann. So wurde bewiesen, dass neben dem psychologischen Einfluss mit Hilfe einer starken öffentlichen Markenpräsenz, auch ökonomische Indikatoren, wie das systematische Risiko durch Werbeausgaben beeinträchtig werden. Die Unternehmensführung darf durch diese Erkenntnis, Werbung nicht allein am zusätzlich generierten Gewinn bewerten. Stattdessen muss der Einfluss auf den Unternehmenswert evaluiert, und daraus folgend langfristig, in Bezug auf die Shareholder Value Maximierung, optimiert werden. Raum für zukünftige Forschung bietet die Analyse des direkten Werbeeffektes bezogen auf eine spezifische Branche, sowie unter Rücksichtnahme gesamtwirtschaftlicher Faktoren. So wurden bisher überwiegend alle börsennotierten Unternehmen gleichzeitig untersucht und signifikante Ergebnisse so verallgemeinert. Studien von *Srinivasan, Lilien und Sridhar*, die Werbeausgaben während der Rezession untersucht haben, oder die Analyse von *Orsinga et al.* , deren Fokus auf der Pharmazeutischen Industrie liegt, bieten erste Erkenntnisse und sollten weitergeführt und auf verschiedene gesamtwirtschaftliche Gegebenheiten, sowie andere Branchen angewandt werden.[66] [67]

[66] Vgl. Srinivasan, Lilien, & Sridhar, 2011, S. 49ff.
[67] Vgl. Osinga et al., 2011, S. 109ff.

18

Literaturverzeichnis

Aaker, D. A., & Myers, J. (1987). Advertising management. Englewood Cliffs: Prentice-Hall.

Barber, B. M., Odean, T. (2008). All That Glitters: The Effect of Attention and News on the Buying Behavior of Individual and Institutional Investors. *Review of Financial Studies*, 21(2), 785-818.

Beaver, W., Kettler, P., & Scholes, M. (1970). The Association Between Market-Determined and Accounting-Determined Risk Measures. *The Accounting Review*, 45(4), 654–82.

Brealy, R. A., Myers, S. C., & Marcus, A. J. (2001). Fundamentals of Corporate Finance. New York: Irwin/McGraw-Hill.

Bushee, B., & Miller, G. S. (2012). Investor relations, firm visibility, and investor following. *The Accounting Review*, 87(3), 867–897.

Chauvin, K. W., & Hirschey, M. (1993). Advertising, R&D Expenditures and the Market Value of the Firm. *Financial Management*, 22(4), 128–40.

Cook, W. A., Talluri, V. S., (2004). How the Pursuit of ROMI is Changing Marketing Management. Journal of Advertising Research, 44(3), 244-254.

Cornelius, I., & Davies, M. (1997). Shareholder Value, London: Financial Times Publishing.

Daniel, K., & Titman, S. (2006). Market reactions to tangible and intangible information. *Journal of Finance*, 61(1), 1605–1643.

De Bondt, W. F. M., Thaler, R. (1985). Does the Stock Market Overreact? *Journal of Finance*, 40(3), 793-805.

El-Tawy, N., Tollington, T. (2008). The recognition and measurement of brand assets:an exploration of the accounting/marketing interface. *Journal of Marketing Management*, 24(7-8), 711-731.

E.ON AG, (2007). Geschäftsbericht: Zusammengefasster Lagebericht.

Fama, E. F. (1970). Efficient Capital Markets: A Review of Theory and Empirical Work. *Journal of Finance*, 25(2), 383–417.

Fehle, F., Tsyplakov, S., Zdorovtsov, V. (2005). Can Companies Influence Investor Behavior through Advertising? Super Bowl Commercials and Stock Returns. *European Financial Management*, 11(5), 625-647.

Fischer, M., Shin, H., & Hanssens, D. M. (2009). The Impact of Marketing Expenditures on the Volatility of Revenues and Cash Flows.*Wissenschaftliche Arbeitspapiere,* Anderson School of Management, University of California, Los Angeles.

Fornell, C., Sunil, M., Forrest, V. M.III, & Krishnan, M.S. (2006). Customer Satisfaction and Stock Prices: High Returns, Low Risk. *Journal of Marketing*, 70(1), 3–14.

Frieder, L., & Subrahmanyam, A. (2005). Brand Perceptions and the Market for Common Stock. *Journal of Financial & Quantitative Analysis*, 40(1), 57–85.

Goyal, A., & Santa-Clara, P. (2003). Idiosyncratic Risk Matters! *Journal of Finance*, 58(3), 975–1007.

Graham, R. C. Jr., & Frankenberger, K. D. (2000). The Contribution of Changes in Avertising Expenditures to Earnings and Market Values. *Journal of Business Research*, 50(2), 149-155.

Grullon, G., Kanatas, G., & Weston, J. P. (2004). Advertising, breadth of ownership and liquidity. *Review of Financial Studies*, 17(2), 439–461.

Hanssens, D.M., Parsons, L.J., & Schultz, R.L. (2001). Market Response Models: Econometric and Time Series Analysis. Boston: Kluwer.

Hirshleifer, D., & Shumway, T. (2003). Good day sunshine: stock return and the weather, *Journal of Finance*, 58(3), 1009–1032.

Huberman, G. (2001). Familiarity Breeds Investment. *The Review of Financial Studies*, 14(3), 659–80.

Joshi, A., & Hanssens D.M. (2010). The Direct and Indirect Effects of Advertising Spending on Firm Value. *Journal of Marketing*, 74(1), 20-33.

Kim, M., & McAlister, L. M. (2011). Stock Market Reaction to Unexpected Growth in Marketing Expenditure: Negative for Sales Force, Contingent on Spending Level for Advertising. *Journal of Marketing,* 75(4), 68-85.

Koslow, S., Sasser, S., & Riordan, E. (2006). Do marketers get the advertising they need or the advertising they deserve? *Journal of Advertising*, 35(3), 81–101.

Kothari, S.P. (2001). Capital Markets Research in Accounting. *Journal of Accounting and Business*, 31(1–3), 105–231.

Krasnikov, A., Mishra, S., & Orozco, D. (2009). Evaluating the Financial Impact of Branding Using Trademarks: A Framework and Empirical Evidence. *Journal of Marketing*, 73(6), 154-166.

Lintner, J. (1965). The Valuation of Risk Assets and the Selection of Risky Investments in Stock Portfolios and Capital Budgets. *Review of Economics and Statistics*, 47(1), 13–37.

Lou, X., Zhang, R., Zhang, W., Aspara, J. (2014). Do institutional investors pay attention to customer satisfaction and why? Journal of the Academy of Marketing Science, 42(2), 119-136.

Madden, T. J., Fehle, F., & Fournier, S. M. (2006). Brands Matter: An Empirical Investigation of Brand Building Activities and the Creation of Shareholder Value. *Journal of the Academy of Marketing Science*, 34(2), 224–35.

Masomi, S. R., & Ghayekhloo, S. (2011). Consequences of human behaviors' in Economic: the Effects of Behavioral Factors in Investment decision making at Tehran Stock Exchange. *International Conference on Business and Economics Research*, 1(1), 234-237.

McAlister, L., Srinivasan, R., & Kim, M. (2007). Advertising, Research and Development, and Systematic Risk of the Firm. *Journal of Marketing*, 71(1), 35-48.

Mizik, N., & Jacobson, R. (2009). Valuing branded businesses. *Journal of Marketing*, 73(6), 137–153.

Osinga, E. C., Leeflang, P. S. H., Srinivasan, S., & Wieringa, J. E. (2011). Why Do Firms Invest in Consumer Advertising with Limited Sales Response? A Shareholder Perspective. *Journal of Marketing*, 75(1), 109-124.

Praba, R. S. (2011). Investors Decision Making Process and Pattern of Investments- A Study of Individual Investors in Coimbatore. SIES Journal of Management, 7(2), 1-12.

Rappaport, A. (1999). Shareholder Value: Ein Handbuch für Manager und Investoren. Stuttgart: Schäffer-Poeschel Verlag.

Rego, L. L., Billett, M. T., & Morgan, N. A. (2009). Consumer-Based Brand Equity and Firm Risk. *Journal of Marketing*, 73(6), 47-60.

Rese, M., & Herter, V. (2008). Der Einfluss von Marketing Assets auf den Shareholder Value. *Marketing Review St. Gallen*, 25(2), 14-17.

Rust, R. T., Lemon, K. N., Zeithaml, V. A. (2001). Where should the next marketing dollar go? *Marketing Management*, 10(3), 24-28.

Rust, R. T., Ambler, T., Carpenter, G. S., Kumar, V., & Srivastava, R. K. (2004). Measuring Marketing Productivity: Current Knowledge and Future Directions. *Journal of Marketing*, 68(4), 76–89.

Ryals, L., Dias, S., & Berger, M. (2007). Optimising marketing spend: return maximisation and risk minimisation in the marketing portfolio. *Journal of Marketing Management*, 23(9-10), 991-1011.

Somil, N. (2007). Investigating the Factors Affecting the Investment Decision in Resdential Development. An Individual Management report presented in part consideration for the degree of MBA (Finance), The University of Nottingham.

Srinivasan, R., Lilien, G. L., Sridhar, (2011). Should Firms Spend More on Research and Development and Advertising During Recessions? Journal of Marketing. 75(3), 49-65.